L 27/32
35163.

LA VISION
DE
Saint-Hubert

PAR
CHARLES DIGUET

ORNÉE DE DIX GRAVURES

PARIS
LIBRAIRIE SPÉCIALE DE CHASSE
Vve PAIRAULT & FILS
11, Rue Mansart, 11

1884

LA VISION

DE

SAINT-HUBERT.

OUVRAGES DE CHASSE
du même auteur

Tablettes d'un Chasseur............ 1 vol.
Le Livre du Chasseur.......... ... 1 vol.
La Chasse au Gabiou............ 1 vol.
Mémoires du Fusil............... 1 vol.

LA VISION

DE

Saint-Hubert

PAR

CHARLES DIGUET

ORNÉE DE DIX GRAVURES

PARIS

LIBRAIRIE SPÉCIALE DE CHASSE

Vᵛᵉ PAIRAULT & FILS

11, Rue Mansart, 11

1884

LA VISION

DE

SAINT-HUBERT

OMBIEN de chasseurs se disent avec conviction disciples de Saint-Hubert, qui ne connaissent du bienheureux que le nom. Pour beaucoup, Saint-Hubert est un Nemrod pareil à celui que l'Ecriture appelle un fort chasseur devant le Seigneur et qui régnait en Babylonie; pour d'autres, c'est simplement un Ésaü sans plat de lentilles et moins velu que le fils d'Isaac.

Nous ne prétendons point avoir connu ce chasseur vénéré, ce qui nous rendrait plus vieux que Mathusalem ; mais nous nous sommes inquiété de cet illustre aïeul que tous les chasseurs, croyants et indifférents, revendiquent pour leur patron et dont la fête, en dépit des transformations possibles du calendrier, durera autant que le monde.

Ce sont ces notes, recueillies un peu partout, que nous publions pour l'édification historique de nos confrères.

Saint-Hubert, le patron des chasseurs, était d'illustre origine; il était fils de Bertrand, duc d'Aquitaine, et de Hugberge, sœur de Sainte-Ode. L'époque de sa naissance paraît généralement fixée vers l'an 658. Ses parents descendaient de la première race royale de France; les ducs d'Aquitaine, ses aïeux, étaient, en effet, les plus grands vassaux de la couronne, et ils devinrent les soutiens des Mérovingiens en décadence et disparurent avec cette famille.

Le septième siècle est une des périodes les moins connues et dans laquelle les documents authentiques manquent pour suivre l'exactitude des événements. Le seul chroniqueur du temps, Grégoire de Tours, est rempli de confusion.

Cette période si complexe et de couleur si mélangée, ainsi que l'a écrit Augustin Thierry dans ses *Récits Mérovingiens*, est entourée de ténèbres eu égard au manque d'historiens.

Le jeune Hubert reçut une éducation des plus soignées pour l'époque; *et litterarum studiis eruditus et armorum exercitatione strenuus*, dit le P. Roberti, son biographe. Ce fut Sainte-Ode, sa tante, dont nous avons cité le nom plus haut, qui fut son institutrice. Au milieu des plaisirs qu'il goûta à la cour de Neustrie, où sa naissance l'appelait, il n'y en eut point un seul qui l'emportât dans ses goûts sur celui de la chasse! La chasse fut sa passion de tous les jours et de toutes les heures.

Pour échapper à la tyrannie d'Ébroïn, il quitta la cour de Neustrie et se rendit auprès de Pépin d'Héristal, son parent, un rude chasseur aussi, qui, séduit par la même conformité de goûts, le prit en grande amitié et le créa grand-maître de sa maison.

A dater de ce moment, installé en pompeuse cérémonie dans l'emploi de grand-veneur, il se livra entièrement à sa passion favorite, et, en ces temps heureux, il le pouvait sans peine. Il eut bientôt dépassé son maître en exploits cynégétiques, car la chronique rapporte que cet incomparable chasseur forçait un lièvre à la course et assommait d'un coup de poing le sanglier qu'il arrêtait par un de ses boutoirs!

Il y a près de Tervueren une chapelle où Saint-Hubert a suspendu un cor de chasse colossal. Cet oliphant, creusé dans une dent d'éléphant, est énorme, et le souffle se perd dans cette trompe géante. Le thorax et la carrure des hommes du septième siècle, si on en juge par cet échantillon, doivent rendre rêveuses les maigres générations qui montent, si tant est toutefois qu'il leur vienne à l'idée de songer à ces hommes d'airain.

Hubert accompagnait Pépin d'Héristal dans les voyages et les escarmouches que celui-ci avait à soutenir contre ses voisins. Dans une excursion qu'ils firent à Ambloux, une métairie royale que le roi avait en Belgique, à portée de giboyeuses forêts, Pépin lui fit épouser Floribande, fille de Dagobert, comte de Louvain.

Hélas ! l'Amour, ce dieu vainqueur, fut vaincu par la chasse, et Hubert continua à chasser dans ces magnifiques forêts depuis le matin jusqu'au soir.

Quand les autres, poursuit le père Roberti, allaient à Matines, lui se rendait à la chasse. *Quando alii pergebant ad ecclesiam, ipse vanitatibus mundi deditus, pergeba ad venationem.* Il chassa tant et tant qu'il oublia, ou peu s'en faut, les jours consacrés à Dieu. Les fêtes et les dimanches étaient complètement sacrifiés lorsqu'il s'agissait de poursuivre lièvres ou perdrix.

Il avait pour chien favori un lévrier du nom de Souillard qui, lui aussi, a sa légende. Un poète du temps composa l'épitaphe de ce fameux chien. J'en citerai les vers suivants :

Je suis Souillard le blond et beau chien courant.
. . . .
J'ai creu, craint et aymé sur tous aultres, mon maître,
Autant que fist une chien ne est possible d'estre ;
Maintz plaisirs lui ay faictz en plusieurs grands deffaulx
Où il c'estait trouvé par pluyes et par grand chaulx.

Ce chien, dit son biographe, eut vingt-deux enfants qui prenaient les cerfs *tous seulz*.

Donc, il chassait royalement avec tout l'entrain de ses trente ans quand eut lieu le miracle qui amena sa conversion.

C'était en l'an 683, le Vendredi-Saint, Hubert se trouvait en chasse comme eût pu le faire un païen, dans la forêt des Ardennes. Ses chiens lancèrent un énorme dix-cors. Après s'être fait chasser quelque temps, l'animal se met tout à coup à marcher d'assurance et, au moment où les chiens arrivent pour l'hallali, il fait volte face.

A ce moment, Hubert aperçoit entre les bois du cerf une croix lumineuse, les chiens se couchent à terre ni plus ni moins que de simples pointers bien élevés ; le cheval qu'il monte se cabre sans vouloir passer outre. En même temps, Hubert entend une voix qui lui crie :

« Hubert ! Hubert ! jusques à quand poursuivrez-vous les bêtes dans les forêts ? jusques à quand cette vaine passion fera-t-elle oublier le salut de votre âme ? ignorez-vous que vous êtes sur la terre pour connaître et aimer votre créateur et ainsi le posséder dans le ciel ?... Si vous ne vous convertissez, vous serez sans remise précipité dans les enfers ! »

En présence d'une pareille merveille, le chasseur prédestiné, touché par la grâce, saute à bas de son cheval, se prosterne et s'écrie : « Seigneur, que voulez-vous que je fasse ? » La voix qu'il venait d'entendre, étant à cheval, lui répond : « Va vers saint Lambert, et il te fera connaître mes volontés. »

Immédiatement le cerf disparut.

Hubert avait couru son dernier cerf !

Si dans la suite il continua à chasser, ce fut pour détruire les bêtes féroces et pour poursuivre les sangliers et peut-être aussi quelques lièvres. Il suivit les conseils de la voix, et alla trouver Saint-Lambert qui le retint plusieurs jours. Sur l'heure, Hubert assura le prélat qu'il désirait abandonner immédiatement le monde ; mais l'évêque lui rappela qu'il avait une femme. En chassant, Hubert avait presque oublié qu'il était marié ! Donc, les liens consacrés par la religion peut-être bien aussi le feu sacré d'un joyeux bien-aller à travers bois le retinrent encore quelques années dans le monde.

Floribande, sa femme, mourut en l'an 685 en donnant le jour à un fils qu'on appela Floribert. Devenu héritier du duché d'Aquitaine, par la mort de son père, il cède ses droits à son frère Eudon, lui confie son fils, quitte définitivement le monde et va fixer sa retraite à peu de distance du monastère d'Andage, dans la grande forêt des Ardennes, le théâtre de ses plus chers divertissements d'autrefois.

Voici d'après une relation d'Adolphe Happart, moine de l'abbaye de Saint-Hubert qui a écrit en 1535 la vie du patron des chasseurs, dans quelles circonstances fut fondé ce monastère d'Andage.

Il y avait au centre de la forêt d'Ardennes, non loin d'une route romaine, un château fort nommé *Ambra*, chef-lieu du domaine d'Amberloux. Saint-Materne, évêque de Tongres, y avait érigé une église et l'avait dédiée à Saint-Pierre. Les Huns, en ravageant les Gaules, avaient démoli ce château fort de fond en comble avec l'église. Ce ne fut que ruines pendant 237 ans.

Plectrude, femme de Pepin d'Héristal, passa en cet endroit en allant visiter son domaine d'Amberloux. La fatigue et la chaleur de l'été l'obligèrent de s'arrêter avec sa suite pour prendre quelque repos sur le bord d'une vaste prairie située sur le penchant de la colline. Après le repas, les personnes qui l'accompagnaient se livrèrent à un profond sommeil tandis que les chevaux paissaient dispersés dans la prairie et s'avançaient vers la forêt voisine. Plectrude se dirigea seule de ce côté, rassembla les chevaux et revint s'asseoir sur un monceau de pierres. En ce moment elle vit tomber du ciel un billet écrit en lettres d'or. Elle le ramassa tout effrayée, et ayant éveillé ses gens sans confier son secret à personne, elle ordonna de rebrousser chemin. Rentrée au palais, elle remit le billet à Pepin en lui rapportant les circonstances de cet événement. Pepin chargea son aumonier Bérégise de lui expliquer le sens de ce billet.

Celui-ci lui répondit que le lieu où le billet était tombé, avait été choisi de Dieu pour le salut d'un grand peuple, et que beaucoup d'âmes y passeraient de la terre au ciel. Il ajouta qu'il était prêt à quitter le monde et à aller dans cette solitude y élever un monastère. Pepin y consentit, se rendit en cet endroit avec une suite nombreuse et par une donation en due forme, il abandonna à Bérégise une portion de terrain de plus de deux lieues carrées.

Bérégise alla prendre possession d'Ambra cette même

année, menant avec lui les moines du monastère de Saint-Trond. Ainsi aidé, il défricha le désert, et releva les ruines de l'Église. Telle fut l'origine du monastère auprès duquel Hubert choisit sa solitude.

On dit qu'en sa retraite, l'illustre pénitent eut parfois de violentes tentations de retourner à ses joies, c'est-à-dire à la chasse. Il livra des combats incessants pour lutter contre cette passion qui avait été la moitié de sa vie, et résista fermement.

Ce fut alors qu'il fit le voyage de Rome. Là, il fut consacré par le Pape, évêque de Tongres, et désigné comme successeur de Saint-Lambert, lequel venait d'être assassiné.

Nous n'avons point à relater ici la vie de Hubert devenu évêque ; nous avons tenu uniquement à préciser, autant que possible son origine, et comment il était devenu le patron des chasseurs. Son épiscopat dura 30 ans; il mourut en 727.

Godescard rapporte ainsi le premier miracle que fit Saint-Hubert.

Un homme enragé étant entré dans l'Église où l'évêque Hubert prêchait, tout le monde s'enfuit d'appréhension et le saint prélat demeura presque seul. Alors il conjura l'enragé et ayant guéri cet homme, il l'envoya lui-même rappeler ceux qui étaient sortis. Une partie de ceux-là le voyant tranquille et de sens rassis, ne pouvant attribuer ce changement qu'à un prodige, revinrent dans l'Eglise.

Le corps du Saint fut transporté à Liège et alors commença à se manifester un grand élan populaire pour

venir rendre des honneurs à sa dépouille mortelle. Plusieurs miracles eurent lieu sur son tombeau. En 743, seize ans après sa mort, le 3 novembre, sous le roi Carloman, frère de Pépin le Bref eut lieu l'exaltation des reliques. Quand le caveau fut ouvert et que la pierre tumulaire fut ôtée, on vit avec étonnement que le corps du saint n'avait souffert aucune altération, pas plus que les habits pontificaux dont il était revêtu.

Les religieux trouvèrent bon de retirer l'étole qui, suivant la légende, lui avait été envoyée du ciel. C'est elle qui, depuis cette époque, sert à guérir les malades atteints de la rage, du mal caduc ou d'épilepsie. On la conserve à la trésorerie. Chose étrange ! Cette étole dont on a détaché tant de parcelles pour les insérer dans le front des malades, en un mot qui a été tant rognée ne diminue point. On aperçoit facilement les endroits d'où l'on a tiré les parcelles nécessaires à la taille, cependant elle conserve encore toute son intégrité : et sa longueur est encore de un mètre seize centimètres et sa largeur de quatre centimètres cinq lignes, mesure constatée lors de l'exaltation des reliques.

Ce jour du 3 novembre fut dès lors fixé comme époque de la fête du Saint ; et à partir de ce moment il devint l'objet d'une véritable et universelle dévotion. Le culte de Saint-Hubert est désormais établi.

Le monastère d'Andage où le corps a été transporté perd son nom pour prendre celui de Saint-Hubert, qu'il conservera par la suite.

Le village bâti auprès du monastère s'accroît de jour en jour : les foires, les processions, les marchés s'y établissent régulièrement; le petit village arrive insensiblement à l'état de petite ville.

Plusieurs seigneurs du temps choisirent le monastère de Saint-Hubert pour lieu de sépulture ; et à ces occasions, ils firent de riches donations à l'abbaye : châteaux, métairies, moulins, terres cultivées et non cultivées, droits de pêche, prémices de chasses aux bêtes fauves, etc.

Non seulement des familles, mais des provinces entières se mirent sous la protection de Saint-Hubert et s'engagèrent à payer une rente annuelle à l'église. De là l'expression usitée : se *faire arrenter* qui signifiait se faire inscrire dans la confrérie de Saint-Hubert. Les compagnies d'archers prirent ce Saint pour leur patron.

Le monastère prospéra jusqu'en 1096, époque à laquelle, le Prince-Evêque de Liège Albet de Brandebourg persécuta les religieux et enleva tous les objets précieux et riches présents qui avaient été faits à l'église par Louis-le-Débonnaire et les grands seigneurs. En 1415, les affaires de la communauté se rétablirent ; vers 1422, le chef de l'ordre, qui portait le titre de *roi*, prit celui de grand veneur et deux siècles plus tard celui de grand maître. Ce fut en 1444 que Gérard duc de Clèves et de Gueldre, en mémoire de la victoire qu'il remporta le jour de Saint-Hubert sur la maison d'Egmont institua l'ordre militaire de St-Hubert.

Les insignes de l'ordre consistaient en un collier d'or orné des attributs des chasseurs auquel était suspendue une

Ordre de Chevalerie de St Hubert
1444.

croix d'or large de quatre doigts ornée de diamants, au milieu de laquelle on voyait l'image du Saint prosterné devant une croix plantée entre les bois d'un cerf; de plus, aux jours solennels, les chevaliers étaient habillés de noir à l'Espagnole. Dans les autres temps, en place du collier, ils portaient sur l'habit ordinaire un ruban rouge en écharpe de gauche à droite au bout duquel était attachée la croix.

Lorsqu'on recevait un chevalier, l'abbé de Saint-Hubert marchait sur la même ligne que le grand maître de l'ordre; il avait le titre de premier Pair du duché de Bouillon.

Pour être reçu dans l'ordre, il fallait être catholique Romain, de bonnes mœurs, et posséder au moins quatre quartiers de noblesse. Les dames y étaient admises.

Les rois Louis XIV, Louis XV, Louis XVI en furent les chefs souverains. Le chapitre de l'ordre fit déposer, dans l'église, un volume in-4º contenant l'état nominatif des grand'croix, commandeurs, chevaliers, officiers d'armes.

Les rois de France recevaient, comme acte de vasselage de la part des abbés d'Andage, tous les ans, à l'époque de la célébration de la fête de Saint-Hubert, six chiens courants et six faucons ou autours pour vol à l'oiseau.

Deux chasseurs, porteurs d'un pli scellé aux armes de l'abbaye, se rendaient à la résidence du Roi, et celui-ci leur remettait, en échange du présent des moines, une bourse contenant trois cents livres tournois, et, en outre, leur accordait l'autorisation de faire quêter en France pour l'entretien d'un hôpital où l'on recevait les malheureux atteints de la rage.

Cet usage fut maintenu jusqu'en 1790. Louis XVI fut le dernier roi qui reçût, en cette dite année, les émissaires du couvent des Ardennes.

Par une étrange bizarrerie, Barras, sous le Directoire, voulut célébrer la Saint-Hubert à Gros-Bois; mais, comme à cette époque de tourmente la qualification de saint n'était point en bonne odeur, les invitations portèrent prudemment : « Fête de Diane. »

Tous ceux qui chassaient dans les Ardennes devaient aux moines de l'abbaye la première pièce de gibier qu'ils tiraient et la dîme sur toutes les autres.

En 1793, les religieux furent de nouveau expulsés et les trésors pillés. Le 17 septembre 1848, Léopold Ier, roi des Belges, se trouvant à chasser dans les Ardennes, fit consigner l'église parmi les monuments à conserver, et on répara ce que les Vandales de la Révolution avaient détruit.

Saint-Hubert a été pour ses contemporains un sujet inépuisable de légendes et de récits merveilleux. La peinture, les poèmes, la sculpture ont consacré la fameuse vision. Au XVIe siècle, on exécuta de magnifiques verrières qui retracèrent son histoire. L'abbaye renferme, outre de nombreux tableaux de chasse, vingt-quatre émaux de Limoges d'une très grande valeur artistique, retraçant divers épisodes de la vie du saint ; malheureusement, seize de ces émaux ont été brisés pendant la période révolutionnaire et n'ont pu être réparés. Un grand nombre d'églises et de musées possèdent des tableaux attestant de la vénération qu'on avait pour ce Saint. Il y a notamment au musée de Bruxelles un tableau en trois compartiments, signé Jacques Grimmer, qui lui est entièrement consacré. Mais le plus beau de tous ces monuments, qui peuvent servir à recomposer la légende de l'apôtre des Ardennes, est un manuscrit enluminé par Jean Van Eyk et sa sœur, que le roi des Pays-Bas a acheté 400 florins, et dont il a fait don à la bibliothèque de La Haye.

Les reliques de Saint-Hubert ont été de tout temps considérées comme miraculeuses. Le simple attouchement de son étole préservait de la rage. *Le Cantatorium* fait une apologie de cet ornement comme d'un moyen très connu et *très usité* de guérir de la rage. En 1055, dit le même ouvrage, la coutume d'y recourir était déjà établie au loin. En ce temps-là, on *insérait* une parcelle de l'étole dans le front des personnes mordues.

On mentionne dans la même relation qu'un seigneur de Marle, près Laon, mordu par un chien enragé, se rendit au monastère, *suivant la coutume établie*, afin d'éviter tout péril. Là, il fut *taillé* et instruit des prescriptions qui accompagnent la taille. Mais, de retour chez lui, il négligea d'observer le régime prescrit. Bientôt les symptômes de la maladie se manifestèrent. Il revint aussitôt à l'abbaye, où il obtint entière guérison.

Lorsqu'une personne avait été mordue au sang, elle se rendait à Saint-Hubert, et elle subissait l'opération de *la taille*. Si elle n'avait point été mordue au sang, elle recevait le *répit*. L'opération de la taille consistait en ceci : l'aumônier pratiquait une légère incision au front de la personne atteinte; l'épiderme se trouvant légèrement soulevé à l'aide d'un poinçon, il introduisait dans l'incision une parcelle exiguë de l'étoffe de l'étole et l'y maintenait à l'aide d'un étroit bandeau de toile noire qui devait être porté pendant neuf jours, c'est-à-dire pendant le temps de la neuvaine.

Voici les dix articles concernant la neuvaine :

La personne à qui on a inséré dans le front une parcelle de la Saint-Etole doit observer les articles suivants :

1º Elle doit se confesser et communier sous la conduite et le bon avis d'un sage et prudent confesseur qui peut en dispenser;

2º Elle doit coucher seule en draps blancs et nets, ou bien toute vêtue lorsque les draps ne sont pas blancs;

3º Elle doit boire dans un verre ou autre vaisseau particulier et ne point baisser sa tête pour boire aux fontaines ou rivières, sans cependant s'inquiéter encore qu'elle regarderait ou se verrait dans les rivières ou miroirs;

4º Elle peut boire du vin rouge, clairet et blanc mêlé avec de l'eau, ou boire de l'eau pure;

5º Elle peut manger du pain blanc ou autre, de la chair de porc mâle d'un an ou plus, des chapons ou

FAC-SIMILE D'UNE INVITATION A LA FÊTE RELIGIEUSE DE SAINT-HUBERT EN 1723 D'APRÈS UN ORIGINAL APPARTENANT A M. L. CLAVERIE.

MONSIEUR,

Perſuadé entierement de voſtre Devotion & de celle de voſtre Peuple à l'égard de S. HUBERT, je viens vous prier très humblement d'anoncer, Que le 3 9bre 1723 ſe fera la *feſte de St hubert en quelendre* CHARLES LE GRAND natif de Lille, *l'uſane en l'Egliſe par nos de Lille de la magdelaine Cambray* de la Lignée de Saint Hubert, ayant une Parcelle de l'Etole inſerée dans le front, & ayant la permiſſion du Monaſtère, donnera le Répis & du Pain beni, tant pour les Hommes que pour les Bêtes contre la Rage : Il recevra les Oblations des Fidéles que la devotion leur ſuggerera de donner à l'honneur dudit Saint, & inſcrira dans la Confrerie ceux & celles qui en auront la devotion ; étant une choſe très-averée, dont l'experience journaliere nous en fait ſi indubitable, que tous ceux & celles qui ſous une offrande annuelle ſe ſont enrollez dans la Confrerie dudit Saint avec un fidele acquis, ſont preſervez des Bêtes enragées. Mais comme les Ouailles entendent & ſuivent ordinairement la voix de leurs Paſteurs, c'eſt de vous, Monſieur, qu'on attend tout le fruit de ceci & de voſtre exhortation. C'eſt la grace que j'eſpere de vous, Monſieur, étant avec reſpect,

DE VOSTRE REVERENCE,

L'on prira tous ceux et celles dudit lieu de venir faire leurs devotions en ladite Egliſe de la magdelaine ou la Confrerie j'eſt erigée —

Le très-humble & très-obéiſſant
Serviteur. C. LE GRAND.

poules aussi d'un an ou plus, des poissons portant écailles, comme harengs saurets, carpes, etc., des œufs cuits durs : toutes ces choses doivent être mangées froides ; le sel n'est pas défendu ;

6° Elle peut laver ses mains et se frotter le visage avec un linge frais, l'usage est de ne point faire sa barbe durant les 9 jours ;

7° Il ne faut pas peigner ses cheveux pendant quarante jours, la Neuvaine y comprise ;

8° Le dixième jour, il faut faire délier son bandeau par un prêtre, le faire brûler et mettre en cendres dans la piscine ;

9° Il faut garder tous les ans la fête de Saint-Hubert qui est le troisième jour de novembre ;

10° Et si la personne recevait de quelques animaux enragés la blessure ou morsure qui allât jusqu'au sang ; elle doit faire la même abstinence, l'espace de trois jours, sans qu'il soit besoin de revenir à Saint-Hubert ;

11° Elle pourra enfin donner répit ou délai de quarante jours, à toutes personnes qui sont blessées ou mordues à sang ou autrement infectées par quelques animaux enragés.

Un jour que Saint-Hubert, après sa conversion, se trouvait à Rome, célébrant la messe, Saint-Pierre dit la chronique, lui apparut au moment de la consécration et lui remit une *clef* en or comme signe de sa puissance de lier et délier ainsi que de guérir les fous furieux. En mémoire de cette clef, on bénit à St-Hubert des clefs ou cornets qu'on fait toucher à l'étole du prélat. Ces clefs ou cornets ont la forme d'un fer conique d'environ dix centimètres de longueur et de cinq millimètres de grosseur, terminé par une espèce de sceau représentant un cornet.

Ces instruments dont nous donnons le dessin exact ayant touché à l'étole et bénis sous les prières accoutumées ont la vertu de préserver de la rage les animaux qui en sont marqués, de guérir ceux qui ont été mordus par bêtes enragées ; ou si ils viennent à mourir après avoir été ainsi marqués, ils meurent paisiblement sans en offenser d'autres. Mais, on ne peut pas se servir de ces instruments pour les personnes.

Je transcris ici textuellement et en lui conservant scrupuleusement l'orthographe, un parchemin du temps que l'on m'a communiqué en Belgique, dans la province de Hainaut et qui précise la manière dont on doit se servir de la clef ou répit :

« Aussitôt que vous reconnoitrez que l'animal que vous devez secourir aura été mordu par quelque autre, touché de rage, vous chaufferez la dite clé au feu, et lui imprimerez toute brullante sur la playe même (si commodément faire se peut) si non sur le front jusques à la chair vive.

« Ce fait, vous réciterez dévotement par l'espace de cinq ou neuf jours continuels, selon votre dévotion, cinq pater et ave en l'honneur de Dieu, de sa glorieuse mère et de Saint-Hubert, et donnerez par chacun des dits jours au dit animal avant tout autre manger un morceau de pain béni : Je dis aussitôt, parceque l'expérience enseigne qu'il y a péril au délai.

« Sera bien fait, que pendant lesdits neuf jours la bête ainsi offensée, chien ou autre, soit tenue enfermée, craignant que par quelque agitation immodérée comme la chasse ou autre exercice, le venin ne se delate davantage.

« Tout ce que les personnes donnent par dévotion, en usant de la clé bénite, doit être renvoyé à l'église où repose le corps du Saint. On donne avis, pour antidote certain et préservatifs assurés, que ceux qui, par une singulière dévotion, se font enrôler en la confrèrie du dit Saint et lui arrentent quelques bêtes sous quelques cens annuel pour ladite église tel qu'il leur plaît, comme il se pratique en plusieurs lieux, se trouvent d'ordinaire affranchis de cet accident funeste, de près la gloire soit à Dieu admirable en les saints. »

Présentement encore, en Belgique, on conduit les chiens à Saint-Hubert pour leur faire donner le *répit* et les préserver de la rage.

Le 3 novembre, jour de la fête de notre illustre patron, dans toutes les églises, on célèbre une messe en son honneur, à laquelle se rendent bon nombre de chasseurs.

Il n'y a pas encore dix ans de cela, on accourait de tous les coins des provinces de Namur, de Liége, du Luxembourg pour y assister ; les meutes du comte de Cunchy et du baron d'Hoogworst se donnaient rendez-vous sous le porche de l'église abbatiale ; à un moment donné, amazones, maîtres d'équipage, valets de chiens et d'écurie, piqueurs, chevaux et chiens étaient réunis sous cette immense nef. C'était vraiment un spectacle imposant au moment de l'élévation : les chiens hurlaient, les chevaux hennissaient et les trompes faisaient vibrer les vieux vitraux ; après la messe, le célébrant bénissait chasseurs et chiens. Dans bien des paroisses, après la messe, les particuliers conduisent leurs chiens à la sacristie, où on leur donne le répit et un petit pain béni qu'ils croquent à belles dents, sans souci de la vertu qui lui est attribuée. Les croyants vont eux-mêmes recevoir l'imposition de l'étole, et se font réciter l'Évangile pour être préservés de la rage.

Jusqu'au soir se trouvent en permanence, dans une chapelle réservée à cet usage ou à la sacristie, des réchauds allumés, sur lesquels chauffent des répits de toutes les dimensions en vue des différentes catégories de chiens.

Dans certains châteaux de France, on célèbre encore le 3 novembre en grande solennité. Au petit jour, la fanfare de Saint-Hubert est sonnée à pleine trompe par les piqueurs ; les valets de chiens en grande tenue, les chasseurs et les chiens se rendent à la chapelle pour entendre la messe. La meute, gardée par les valets, est réunie sous le portique de la chapelle, dont les portes sont ouvertes à deux battants. Souvent le chien de tête, portant la cocarde de l'équipage, entre dans le chœur tenu en laisse par le premier piqueur. Après la messe, on distribue le pain à la meute ; on sonne la « Royale » et l'on se met en chasse.

Ce jour-là, sonnons de la trompe et ne rougissons point d'afficher notre culte envers celui qui, après avoir su si bien lancer l'épieu, a été un grand saint dont s'honore l'Église.

Continuons à honorer cet illustre patron dont nous ambitionnons le titre de disciples, et dont le souvenir préside au plus noble des plaisirs !

Le scepticisme moderne ne diminuera point la dévotion à Saint-Hubert. Protestants et juifs se rendent, chaque année, à la chapelle de l'apôtre pour recevoir l'imposition de l'étole par les chapelains qui ont remplacé les moines.

S'il n'y a plus de chevaliers de l'ordre, qu'il y ait toujours de véritables disciples dont la devise soit : « Au droit chemin. »

Nos ancêtres étaient de grands et dévots chasseurs ; et du Fouilloux n'a pas craint de dire : « Tout, sous le soleil, est frivolité ou vanité, est-il écrit au livre des proverbes, d'autant plus qu'il n'y a ni art, ni science qui puisse prolonger l'existence. Il m'a semblé que la meilleure science que nous pouvions apprendre est ne nous tenir et entretenir joyeux, en usant d'honnêtes et vertueux exercices, entre lesquels je n'ai trouvé aucun plus noble et plus recommandable que celui de la vénerie. »

Venandi studium cole! Vive Saint-Hubert et la chasse !

Septembre 1883.

CHARLES DIGUET.

EXTRAIT DU CATALOGUE
DES LIVRES DE FONDS
DE LA
LIBRAIRIE Vve PAIRAULT & FILS
11, Rue Mansart, à PARIS

LE PLAISIR DES CHAMPS, avec la venerie, volerie et pescherie, poëme en quatre chants par Claude Gauchet, édition revue et annotée par Prosper Blanchemain. — Paris, Franck, 1869, 1 vol. petit in-8 de 376 pages, imprimé en caractères elzéviriens, sur papier vergé. — Prix : **12 fr.**

MANUEL DE LA CONSERVATION DU GIBIER, par *l'extirpation du Braconnage* et la destruction des animaux nuisibles. Suivi d'une instruction sur l'emploi des furets et du texte annoté des lois belge et française sur la Chasse, 1 vol. in-8
6 francs

Table des matières. — Du braconnage envisagé en général et les moyens de le combattre. — Grouses. — Faisans. — Perdreaux. — Lièvres. — Lapins. — Destruction des animaux nuisibles. — Le Renard. — Le Chat. — Le Putois. — Le Hérisson. — La Fouine. — La Belette. — Le Faucon. — La Buse commune. — L'Épervier. — La Crécerelle. — La Corneille noire. — La Pie. — Le Geai. — De l'élève des furets et des soins à leur donner. — Appendice. — Loi française sur la chasse. — Loi belge sur la chasse, du 26 février 1846.

REMARQUES SUR LA CONDITION DES HUNTERS, le choix des chevaux et leur ménagement dans une série de lettres familières, publiées pour la première fois dans le *Sporting Magazine* de 1822 à 1828, par Nimrod (Lord Apperley), traduit par M. Guyton, d'après la 4ᵉ édition revue et enrichie de notes, par Cornelius Tongue (Cecil) (illustré), un vol. in-8. **5 fr.**

Table des matières. — Condition du cheval de chasse. — Objections contre l'envoi des chevaux au pâturage pour la saison d'été. — Ecurie. Gouvernement de l'écurie. — Ecuries chaudes et froides. — Traitement après une rude journée. — Couvertures. — Foin et eau. — Soins de propreté. — Des atteintes. — Nécessité d'un fort travail. — Mauvais effets du repos trop prolongé. — Qualités nécessaires au groom. — Traitement des hunters pendant l'été. — Forte nourriture au lieu du pâturage. — Médecines. — Du pied, etc., etc.

GRANDEUR ET DÉCADENCE D'UN CHEVAL DE COURSE, par John Mills (illustré), un vol. in-8. **7 fr.**

Table des matières. — L'enclos. — L'homme de bois. — Toby. — Mon premier voyage. — Newmarket. — La bruyère. — La première suée. — Une première apparition en public. — Le criterium. — Comment on fait un livre. — La préparation pour le Derby. — Le Derby. — Le vent tourne. — Le Saint-Léger. — Le Tattersal. — Par ce que je fais, je prouve ce que j'aurais pu faire. — Ma boiterie, ses causes et ses suites. — La drogue. — Un tour en province. — Le mors. — Le Cab. — Conclusion. — Tableau de réduction des kilogrammes en stones.

DICTIONNAIRE DE LA RACE PURE pour remonter à l'origine des chevaux et juments de pur sang anglais qui ont été introduits en France, Belgique, Hollande et tout le continent germanique et des individualités célèbres restées en Angleterre qui ont formé, illustré et conservé cette race, par Charles du Hays, un vol. in-8. **5 fr.**

LES TROTTEURS. — Origines, performances et produits des individualités qui ont le plus marqué dans les courses au trot. — Tableau des meilleures vitesses pour quatre kilomètres et au-dessus. — Nombre des courses dont le temps a été constaté chaque année, par Charles du Hays, un vol. in-8, **5 francs.**

MANUEL DES COURSES DE CHEVAUX. — Chevaux. — Entraîneurs. — Jockeys. — Parieurs. — Hippodromes. — Argot du turf, suivi de la jurisprudence du turf, par E. Parent, un beau vol. in-8. — Prix : **3 fr. 50.**

LE CHEVAL ET L'AMAZONE, traité de l'équitation des dames, par Mme Stirling-Clarke (illustré), 1 vol. in-8... **5 francs**

Table des matières. — Préface. — Introduction. — Le cheval. — L'amazone. — Le cheval. — La selle et la bride. — De la manière de se mettre en selle. — De la manière de descendre de cheval. — L'assiette. — Les rênes. — La position des mains. — Les cinq positions quand les rênes sont séparées. — Les cinq positions quand les rênes sont réunies dans la main. — Les mains. — Le pas. — Des tournants au pas. — De l'arrêt au pas. — De la manière de reculer au pas. — Le trot. — Le petit galop. — Des tournants au petit galop. — L'arrêt au petit galop. — Le galop. — Le cercle. — Le saut. — Situations critiques. — Observations générales. — La chasse — Conclusion.

Paris. — Typ. L. Guerin et Cie rue des Petits-Carreaux 26

www.ingramcontent.com/pod-product-compliance
Lightning Source LLC
Chambersburg PA
CBHW060945050426
42453CB00009B/1126